我從哪裏來？
跟孩子輕鬆談性

荷西·迪亞茲（José R. Díaz Morfa） 合著

雲妮莎·貝托利尼（Vanesa Bertolini） 圖

新雅文化事業有限公司
www.sunya.com.hk

序一

　　教育子女是父母的天職，性是個人成長的重要一環，父母與子女談性是理所當然的事。性本無邪，性教育不應再被視為家庭的禁忌。現今大眾媒體發達，性信息氾濫，兒童的成長環境與上一代相距甚遠，他們的性好奇早已超出父母的想像。家長宜向孩子盡早施行性教育，以免子女受到周遭不全面甚至偏差的性信息影響。

　　部分家長認為談性尷尬，也擔心過早推行性教育，會激發子女的性好奇心。其實，正如我們觀看其他人體系統的圖片也不會尷尬，性器官和生殖系統都是身體的正常構造，性交亦是生育的必經過程而已。只要父母表現自然，孩子是不會尷尬的。至於孩子的性好奇心根本已經存在，並不是由父母激發的，我們毋須感到恐懼。相反地，孩子越是被蒙在鼓裏，對性越是好奇，有機會利用其他不正確的途徑尋找答案。因此，父母應該好好利用孩子對性的好奇，教導他們正確的性知識，培養他們早日建立健康的性態度。

2

　　《我從哪裏來？跟孩子輕鬆談性》是深入淺出的兒童性教育讀本，能滿足兒童對兩性身體、生命起源等各方面的好奇，也帶出現代社會多元平等的家庭模式，有助家長們輕鬆地與孩子談性。

香港家庭計劃指導會

www.famplan.org.hk/sexedu

序二

　　小時候，「性」這個話題是家裏的禁忌。人體的性器官和人類的性行為更被父母描繪為污穢的事情，害得我在發育期間迷霧重重，為身體的變化感到羞恥，更為自己在巴士上偷望男生的行為感到可恥。

　　時代巨輪在急速的轉動，「性教育」卻停滯不前，依然是不少家庭的禁忌。可是，現代家庭卻在迎戰前所未有的巨大社會衝擊──九歲女孩子被性侵犯、十二歲女孩子懷孕、十五歲男孩子以獵取眾多性伴侶為榮、女孩子以性服務取悅男性及網上充斥着無數扭曲和駭人聽聞的性觀念……父母若仍然堅持一成不變的話，豈不是失職？試問又如何引導子女踏上健康成長路？

　　我老早就決定從小教導孩子性教育。

　　「媽媽，我是怎樣來到這個世界的呢？」兒子三歲時問。

　　「哦，爸爸的蟲蟲進入了媽媽的蛋蛋裏，然後就在媽媽的肚子裏慢慢生長，九個月後媽媽就把這個肥肥白白的BB生下來，而那個就是你了！」兒子聽時不停眨着眼睛和點着頭，然後很滿意地跑開了。

　　在兒子五歲那年，有天他皺着眉一臉困惑的問：「媽媽，我想了很久也想不通，究竟爸爸的蟲蟲是如何走進你的蛋蛋裏的呢？」

　　我被兒子的發問愣住了，怎麼也想不出最恰當的答案，原來我也不懂得教呢！翌日，我跑到書局去找救兵，找了半天也找不到最適合兒童閱讀的性教育書籍，後來還是偶然在美國搜羅到數本。

　　若然現今父母也曾碰上我當年的疑難，深信這本極具水準的西班牙中譯本《我從哪裏來？跟孩子輕鬆談性》必能勝任為你的明燈！書裏的彩色漫畫插圖非常吸引，定能贏取孩子的注意力。內容以淺顯易明的方式講解性知識和正確的性觀念，最適合父母與子女共同閱讀。

　　一邊閱讀一邊討論，必然是最優質的親子時刻呢！

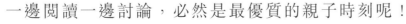

 資深傳媒人

目錄

我們為什麼是
小男孩 和 小女孩？

寫給爸爸媽媽

當孩子看到電視上成人的親密行為畫面，問他們在做什麼時，你會否曾經尷尬得面紅耳赤呢？

當孩子問：為什麼爸媽時常在晚上關上房門不讓別人進入的時候，你是否會感到難以啟齒，想立刻找個地洞鑽進去呢？

你能夠向女兒清楚說明月經是怎麼一回事，並解釋為什麼男人沒有月經嗎？

要記住，你的回答、你的行為和態度都會影響孩子性觀念的建立。

面對孩子提出有關兩性的疑問，即使你表現沉默，孩子也會從朋輩、電視節目，或從其他途徑聽到一些有關性的資訊，然而當中或會有些不正確的信息錯誤引導着孩子。因此，父母有必要給孩子灌輸正確的性知識，

6

並按照孩子的年齡為他們提供一個適切的解答。

　　本書為家長提供正確的性教育資訊，幫助家長輕鬆自在並坦誠地跟孩子談論性的話題，鼓勵孩子傾訴性的疑惑和疑慮。

　　家長全面地教導孩子性知識，這並不意味着會引起孩子對性更好奇或鼓勵他們作性嘗試。跟孩子談性，是為了幫助孩子建立正確的性觀念，培養他們建立健康和負責任的性態度。最重要的是，讓孩子了解我們的身體構造，學會保護自己，尊重自己和尊重別人，身心健康地成長。

男女身體大不同

「媽媽，到底女孩子的胸部什麼時候開始發育的呢？」「大約10歲吧。」「那麼，為什麼男孩子的胸部就不會脹大呢？男孩子不是從10歲開始發育的嗎？」

女孩子胸部發育的時間是因人而異的。女孩子一般在7歲至13歲時開始發育，而男孩子則約在8至14歲開始發育。不過每個人發育的時間都不同，有些較早開始，有些較遲開始。

女性和男性各有不同的身體特徵，例如男人的臉上會長鬍鬚，肩膀寬闊，體格強壯；而女人的胸部脹起，盤骨較寬。雖然這些身體特徵是當我們長大後才會變得明顯，但是在我們小時候，也會注意到男女的身體構造有所不同。

小時候，我們有時會聽到大人說某些遊戲、體育項目和職業看起來較男性化，是「男孩的」；有一些則是偏向女性化，就是「女孩的」。事實

上，無論是男孩或是女孩，大家都可以玩自己喜歡的遊戲，長大後也可以選擇從事自己喜歡的職業。

我們無法先天選擇成為男人還是女人，而且人們與生俱來身體上各有不同的特色，例如個子的高矮、頭髮的顏色、瞳孔的顏色……家長們，快來跟孩子一起認識我們的身體吧！

女孩子的生理構造

「究竟我們哪些方面是不同的呢？有什麼是我沒有的呢……」

從我們出生起，身體上已經有明顯的性別特徵，男性和女性的性器官各有不同。

女孩子的**陰部**，有兩層皮膚保護着，那就是大陰唇和小陰唇。你會發

現下體有兩個洞，其中一個小洞是排出尿液的地方，叫**尿道口**，它並不明顯；在尿道口上方有突起的**陰蒂**；而下方比較大的洞則是**陰道口**。

女性的陰部結構

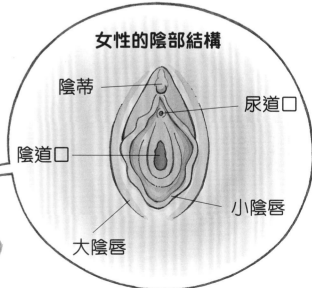

陰蒂

尿道口

陰道口

小陰唇

大陰唇

陰道就像一條狹窄的通道，通往**子宮**。而子宮是無法從外部看到的。子宮就像一個很有彈性的袋子，這裏就是嬰兒成長的地方。

在子宮的兩旁有兩根管狀物，叫**輸卵管**。這些輸卵管連接着兩個**卵巢**。在卵巢裏，藏着很多卵子。當女性的卵子與男性的精子結合之後，就會形成一個新生命。

「我可以看到它們嗎？」

我們無法看到子宮、卵巢和輸卵管，因為這些器官長在腹部裏，但是醫生可以利用一些儀器為我們檢查身體。

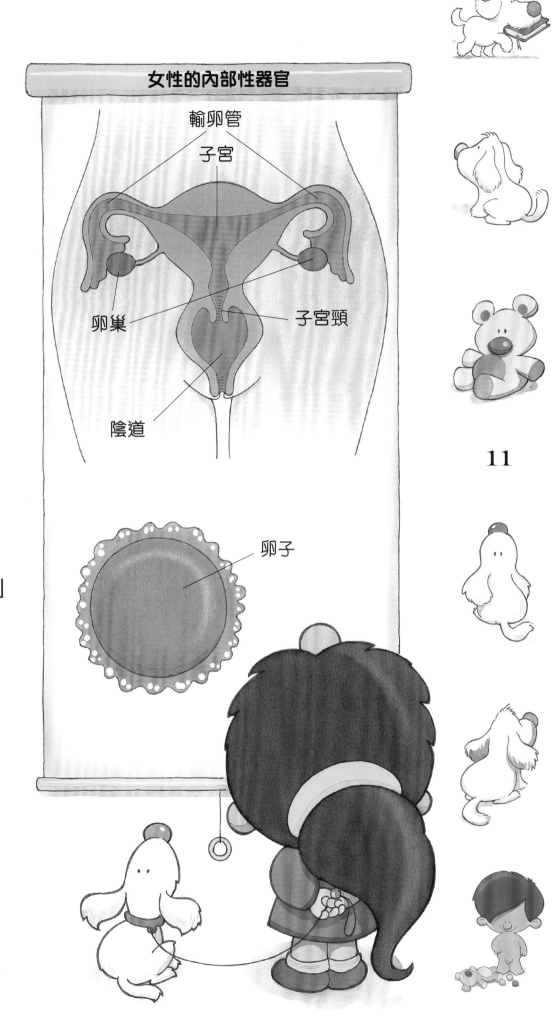

女性的內部性器官

輸卵管

子宮

卵巢

子宮頸

陰道

卵子

11

男孩子的

「男孩子的性器官是怎樣的呢？」

男孩子的外部性器官主要包括**陰莖**和**陰囊**。陰莖的末端叫做陰莖頭或龜頭，它被一層皮包裹着，那就是**包皮**。在陰莖根部下面，是陰囊的部分。陰囊是一層皮膚囊袋，包裹着兩顆**睪丸**。睪丸的作用是製造**精子**。

男性外部性器官

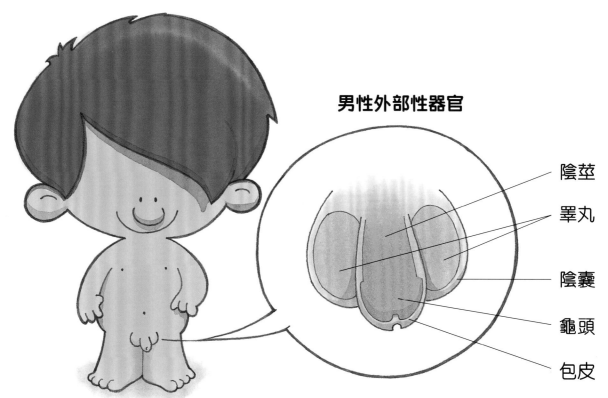

陰莖

睪丸

陰囊

龜頭

包皮

生理構造

男性的精子有一條長長的尾巴，外形似蝌蚪，儲存在睪丸裏。在男性兩邊的睪丸裏各有一條管道，叫做輸精管。精囊會製造一種液體有助精子的移動或存活，這些液體叫**精液**。精囊有兩個，各連接一條射精管。男性射精時，精子會通過輸精管，進入射精管，再向下進入**前列腺**，最後通過尿道排出體外。

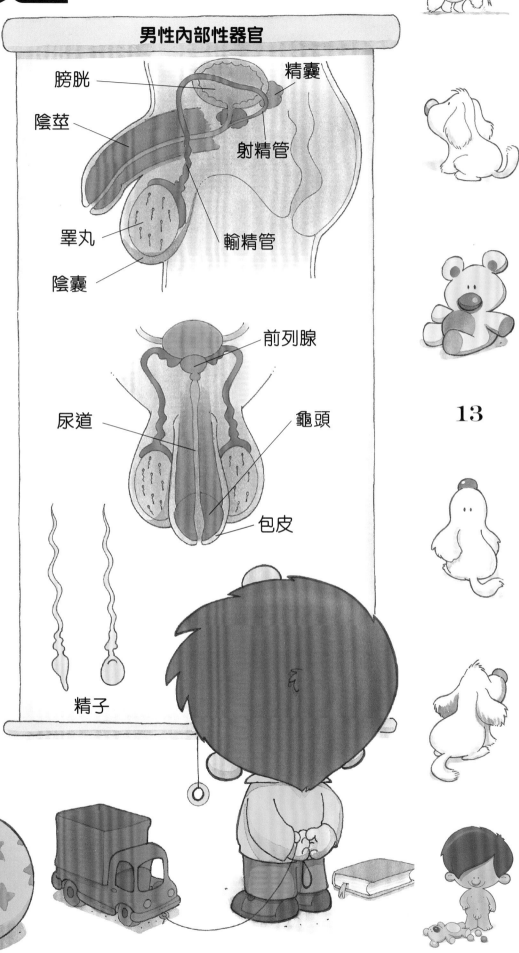

男性內部性器官

膀胱
精囊
陰莖
射精管
睪丸
輸精管
陰囊

前列腺
尿道
龜頭
包皮

精子

13

男孩身體的變化

「精液是什麼來的？」

精液是一種白色黏稠的液體。雖然尿液和精液都是從陰莖排出，但是兩者不會同時排出的。

隨着兒童的年齡增長，身體在一點點地變化着準備步入成年的階段，這段轉變時期叫**青春期**。女孩子較早進入青春期，而男孩子一般在8歲至14歲之間開始成長發育，身體會有明顯的變化。

14

在青春期，我們的性器官和身體其他很多方面都有所變化……男孩子的個子長高了、肩膊變寬，身體肌肉越來越結實；陰莖漸漸增長和增大，陰囊也會增大。體毛增多，尤其在嘴唇上方、下巴、腋下、陰莖上方和腿部。聲音也變得沙啞，有時候説話會走音。

無論是男孩還是女孩，在發育時期，大家的臉上都可能長出一些小顆粒，叫做**青春痘**。

在青春期，當男孩子想到一些興奮和刺激的事時，陰莖就會**勃起**。那就是陰莖的體積在短時間內變大變硬。

15

勃起的原因是由於血液迅速集中到陰莖。

在晚上睡覺和早上起牀的時候，也可能會出現勃起的情況。

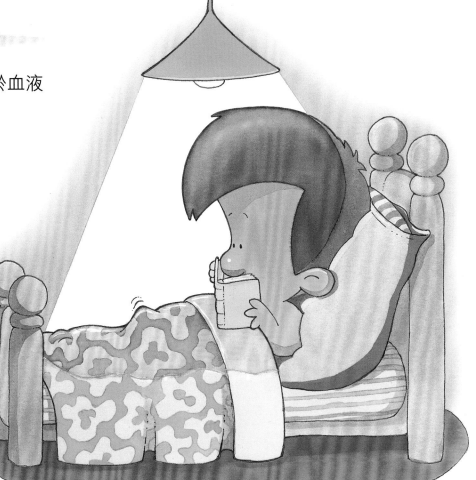

「男嬰兒的陰莖也會變大的嗎？」

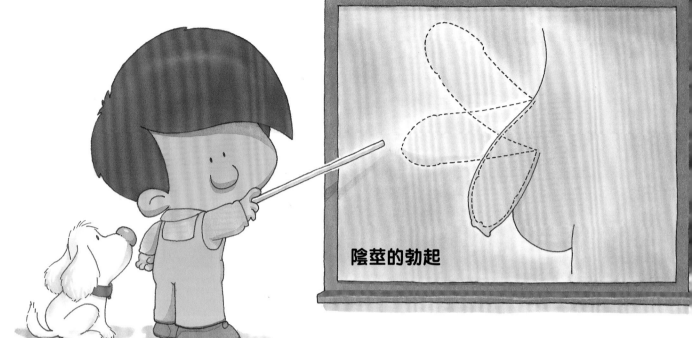

陰莖的勃起

男性不管是嬰兒、兒童或是成年人，都會有勃起的現象，只是在青春期出現得更頻繁。

當陰莖勃起時，可能會有精液流出，這是之前我們提及過的液體，它運載着大量的精子。精液由陰莖排出的過程稱作**射精**。男性射精時，身體會產生一種愉悅感。

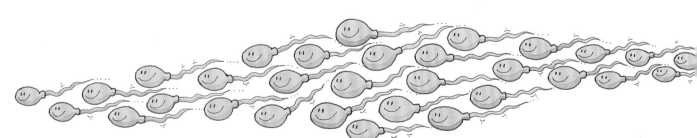

踏入青春期，男孩子睡覺時有時會出現射精的情況，你會發現在內褲或牀單上留下了痕跡。這是一個正常的生理現象，叫做夢遺。

女孩身體的變化

「我們的身體會有什麼變化呢？」

女孩在發育時，身體會發生變化。這些變化並非一夜之間的事，而是持續達幾年的過程。

女孩子的發育通常在7歲至13歲之間開始。慢慢地，乳房開始變大，**陰部**長出毛髮，分布在外陰和下腹之間；然後，腋下也有毛髮長出。之後，臀部會逐漸變寬和變得圓潤。

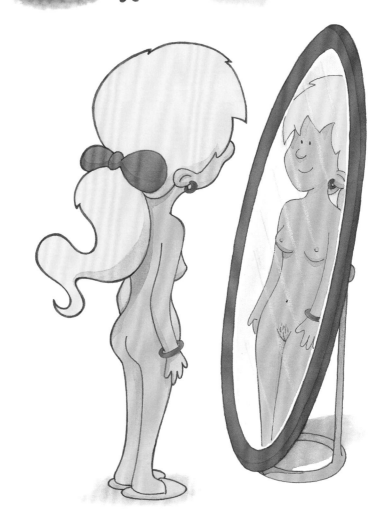

進入青春期後，女孩子或會在睡夢中夢到性興奮的事情。這個時候，女孩會產生愉悅感，甚至會有陰道變得濕潤的情況。

18

正如之前所提到，大部分的身體變化是逐漸發生的。然而，有一個生理現象卻是「突然」來臨的——女孩子的第一次**月經**。

月經的初次來臨時間因人而異，一般約在10至15歲出現。月經到來時，會有血液從女孩子的陰道流出，但流血不代表身體有傷口、疼痛或者是什麼不好的事情，這只是意味着從月經來臨的那天起，女孩子具備了**生育能力**。

在月經期間，一般持續3至7天，我們會使用**衞生巾**或**衞生棉條**吸收經血，避免弄髒衣物，以保持清潔衞生。

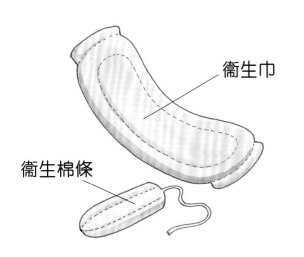

衞生巾

衞生棉條

月經一般是每個月來潮一次的。當女性懷孕了，月經便會停止，直到生完孩子才會再出現。

「為什麼會出現月經？」

月經是一個正常的生理現象，它的出現表示了女性的身體成熟，具備孕育下一代的能力了。女性的卵巢和子宮都會做好受孕的準備。卵巢每個月都會排出一顆卵子，這叫作**排卵**。而且，子宮內膜也會增厚和增加充血。

當男性在女性陰道裏射精，大量精子會進入女性的子宮；當卵子和精子在輸卵管裏相遇並結合時，這個過程叫做**受精**；卵子受精後，就變成了受精卵，孕育成為新生命。

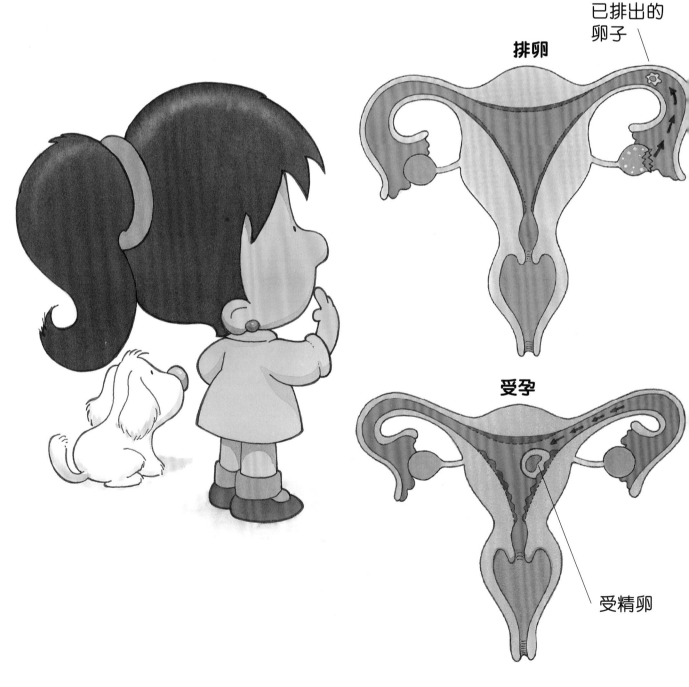

已排出的卵子

排卵

受孕

受精卵

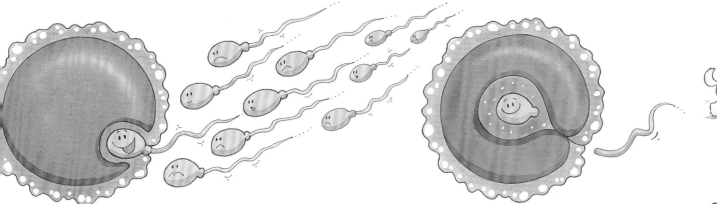

子宮是個有彈性且有如袋子的器官，將會是孩子出生前的棲身之地。它每個月都會作好一次準備迎接受精卵的到來，子宮內膜會增厚和充血。當卵子和精子結合了，就會進入子宮，並在子宮壁上「着牀」，慢慢生長成為胎兒。

「經血是從哪裏流出來的呢？」

如果卵子沒有和精子相遇，子宮意識到不會有受精卵到來，子宮內膜會停止增厚並且脫落，當中的血液、殘餘細胞和黏膜就會形成經血，經過陰道排出體外，這便是月經。

月經

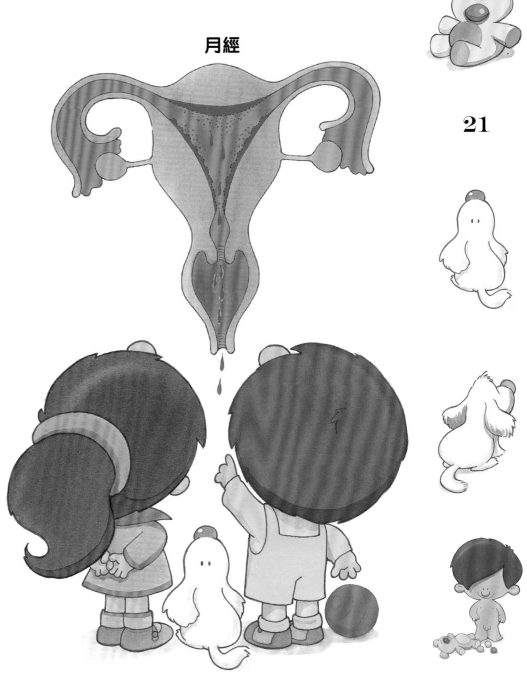

21

健康成長，注意衞生

為了讓身體健康地發育成長，除了要飲食均衡和進行適量的運動，我們還要每天勤洗澡，注意個人衞生。

例如，男孩子每天洗澡時，應該輕輕地把包皮向後翻，沖洗陰莖頭（龜頭），保持衞生。

在月經期間，女孩子應該要格外注意衞生，適時更換衞生巾，保持清潔。同時，仍可以像平時一樣正常進行適量的運動。

生命的不同階段

性除了和身體及性器官有關，讓身體產生**愉悅感**，也是表達情感的行為。

性從我們出生時就存在。在嬰兒時期，我們需要依靠別人照料，喜歡親近別人，喜歡被人撫摸、親吻，以及跟別人說話和玩耍。嬰兒還喜歡吸吮奶嘴和媽媽的乳房。

23

吸吮是嬰兒認識事物的一種方式，所以他會把所有東西都往嘴裏塞。因此，嬰兒每時每刻都需要有人在旁照顧。

隨着日漸長大，男孩子和女孩子自己能獨立做更多的事情，於是他們開始關注其他人。

24

　　漸漸地，他們會注意到男性和女性的身體是不同的。在男孩和女孩的成長過程中，大家分別會有不同的生理變化。我們喜歡和別人一起玩耍、聊天，有時候甚至會撒嬌，有時候還會喜歡觸摸別人。

進入青春期後，我們的生理和心理都會發生很大的變化，讓我們對自己的身體變得好奇。

　　有時候，青少年男女會利用手或其他物件撫弄或刺激自己的性器官產生快感，這叫作**自慰**。自慰是認識自己的身體的一種自然方式，但是要避免過分沉溺。

　　有時，我們會因為自己的身體比預期中更早變得成熟而感到吃驚，又或者會擔心自己比朋友遲開始發育。

　　在我們成長的過程中，身體會出現明顯的變化，但是每個人的發育情況都各不相同。身體的成長變化因人而異，並不是固定在某個年齡發生。

我們在成長過程中，身體會以另一種方式引起我們的注意。

男孩子和女孩子也會通過觸摸自己的身體，了解自己身體的變化。

男孩子和女孩子會想跟喜歡的人在一起，親近接觸和相處。

到了青少年時期，大家會開始對異性產生興趣，想要跟喜歡的人單獨相處。

26

爸爸和媽媽 在做什麼？

寫給爸爸媽媽

「如果男孩和女孩互相喜歡並且經常接吻，女孩肚子就會變大，小孩就生出來了。」（修修，7歲）

「做愛就是兩隻不洗澡的豬做的事情。」（樂兒，8歲）

性是與生俱來的。從很小的時候，小男孩和小女孩就開始逐漸形成他們對兩性、性行為和懷孕等問題的想法和觀點。而這些想法並不完全正確或有利於孩子的正常發展。孩子會提出很多問題，想要知道答案，如果爸爸媽媽或學校不回答這些問題，他們會通過問朋友、看雜誌、看電影……尋找答案，而這些並不是合適的資訊來源。因此，除了學校，爸爸媽媽也有責任教育孩子了解性知識。

性教育不僅僅是關於認識性器官、
生育或避孕等方面的生理常識，當中還涉
及溝通、情感、責任和愉悅感的問題。

29

「他們為什麼這麼長時間黏在一起呢？」
「他們怎麼呼吸呢？」
「他們會窒息的！」

我們喜歡

自我們出生起，我們就喜歡和某些人在一起。我們在一起聊天、玩耍、觸摸對方並開懷大笑……

　　開始時，我們只會跟父母及兄弟姊妹一起相處。因為嬰兒能以一種特殊的方式，很快學會和父母及兄弟姊妹建立起互相信任的關係，尤其是自己的父母。

　　嬰兒從父母那裏尋求撫摸並經常對他們笑，如果他需要什麼或者父母長時間遠離他，他就會哭。這就是嬰兒表達自己情感和想法的方式。

　　隨着年齡的增長，嬰兒長大成為了兒童，他們會開始對父母及兄弟姊妹以外的其他人產生興趣，尤其喜歡和其他同齡的孩子在一起，這樣他們就能一起玩耍了。

靠得很近

日子一天天的過去，在家庭以外，孩子逐漸在學校結識朋友，融入團體生活。

有時候，孩子會有一個自己最喜歡的異性伙伴。

他們會想跟喜歡的人在一起做很多事情，例如：一起玩耍、談自己的想法或感受、開玩笑、學習、運動……

由於彼此喜歡對方，他們還會在一方感到難過的時候陪伴對方共同度過。以上種種便叫作友誼。

除了親人之間的關係和友誼，人與人之間還可能會出現**性吸引**。

31

有時候，我們除了對身邊的男性或女性朋友產生興趣，我們還會被一些不熟悉的人吸引，例如從照片或電視上看到的男女明星偶像。

看着我們覺得有吸引力和感興趣的這個人，可能讓我們有靠近或親吻的衝動。

當我們感覺到性吸引的時候，身體會產生不同的反應，例如臉紅、心跳加速，有些人或會覺得性器官周圍很癢。

32

長大後，我們可能特別喜歡某一個人，並且希望和對方每時每刻都在一起。對我們而言，這是所有人裏最特別的一個人。我們把這種情況叫作**戀愛**。

有時候，如果兩個成年人彼此吸引，會有一些親密的行為。當彼此相愛，他們就可能會發生**性行為**，

這個行為又叫作**做愛**。

在發生性行為的過程中，男性和女性的某些身體部位會發生變化。

男性的陰莖會變得粗大和堅硬，出現勃起的情況。女性的陰道會變得濕潤，而兩個人的呼吸都會變得急促和劇烈。

他們彼此訴說親密的話語，進行親密的接觸，會撫摸和親吻對方的身體。男性會把陰莖插入女性的陰道。

最後的這個行為稱為**性交**，但並不是每次做愛都會有性交。

34

在性交的過程中，男女雙方會產生一種非常愉快的感覺，這時刻叫**性高潮**。性高潮是男女雙方都會有的。

當男性達到性高潮時便會射精，也就是精液會從陰莖排出體外。

性交可以帶來愉悅感，但是也有可能讓女性懷孕，因此伴隨着重大責任，須要等到我們長大後思想成熟才可以考慮。

35

性交

在成長的路上，我們會對性感到好奇，想要探索異性的身體。要記住，我們跟異性相處時，要好好保護自己的身體。當別人觸碰你的身體時，如果你感到不喜歡，就要表達拒絕。我們要尊重自己，也要尊重別人。

36

我們想要一個孩子

「現在你們已經是夫婦了，你們會要一個孩子嗎？」

當一對戀人彼此相愛，他們會結合成為夫婦。

此後，兩人就會一起共同生活，這樣就能夠經常看到對方，並且每天關心彼此。

他們可以一起做飯，當伴侶生病時會照顧對方，一起遊歷世界。

夫婦都會在一個房間裏睡覺，彼此親愛。

38

　　夫婦一起生活了一段時間後，如果發現彼此相處得好，一些夫婦會希望生育子女，組成一個更大的**家庭**。

　　對於生育這件大事，夫婦要考慮很多方面，因為生育和教養小孩並不容易。

　　他們將來要花很多時間照料嬰兒，包括吃喝排泄、衣食住行，並陪伴他玩耍。在未來的日子，要用心教導他、養育他，使孩子能夠健康生活和成長。

身體已經準備好了

「我什麼時候能生一個小孩呢？」

如果我們想生育孩子，除了要有心理準備，詳細考慮清楚，身體也要做好準備。

讓我們認識女性和男性在具備了生育能力時身體上的變化吧。

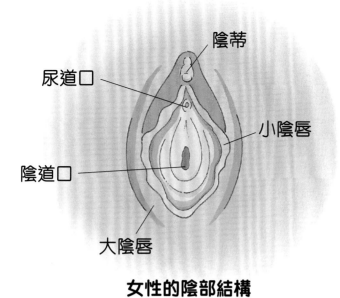

陰蒂

尿道口

小陰唇

陰道口

大陰唇

女性的陰部結構

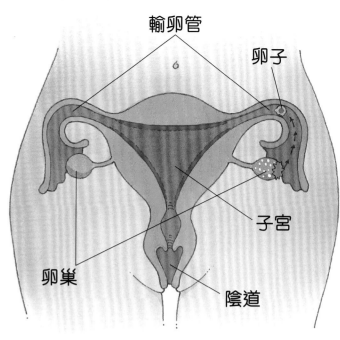

輸卵管

卵子

子宮

卵巢

陰道

女性內部性器官

女性生理成熟時，最重要的身體變化是排卵和月經。

排卵是每個月都發生的女性生理現象。當一個卵子長大並成熟後，會由女性的卵巢排出並進入輸卵管。卵子是一種細胞，當與精子結合了就會發展成為胎兒。

另外，子宮（像一個有彈性的袋子，是嬰兒在出生前「居住」的地方）會做好接收受精卵的準備，因為有更多的血液流到子宮，而子宮內膜會增厚。

如果卵子沒有和精子結合，子宮會在當月收縮。這時，子宮壁上的血液、殘餘細胞和黏膜就會脫落形成經血，沿着陰道流出，這種現象叫月經。

40

月經

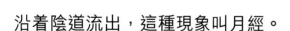

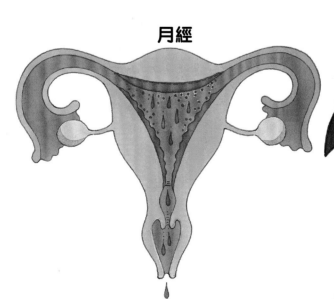

男性外部性器官

睪丸

陰莖

陰囊

龜頭

包皮

當男孩長大後，他們的身體也會發生變化，逐漸達到可以生孩子的條件。其中最大的變化，是睪丸開始生產精子。射精時，精子會隨着精液被排出體外。

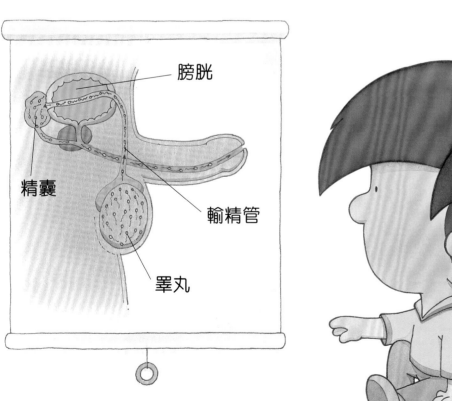

膀胱

精囊

輸精管

睪丸

精子在男性性器官中的移動方向

當卵子

「胎兒是怎麼鑽到媽媽肚子裏的呢？」

為了生育子女，夫婦必須進行性交。男性要將陰莖插入女性的陰道中，精液中輸送的精子就可以遇到卵子，令卵子受精。

射精時，精子會迅速地在女性陰道中游動，並游向輸卵管。在輸卵管中，卵子在每月的某幾天會做好了受精的準備。

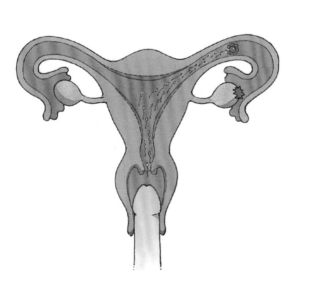

碰上了精子……

「精子是什麼樣的呢？」

精子

尾部

頭部

43

精子的體積非常小，形狀就像蝌蚪一樣，由尾部帶動精子移動。

每次射精，精液中有數以億計的精子，但是只有一個精子能進入卵子，

並且和卵子結合成為一個受精卵，這個過程叫**受精**。

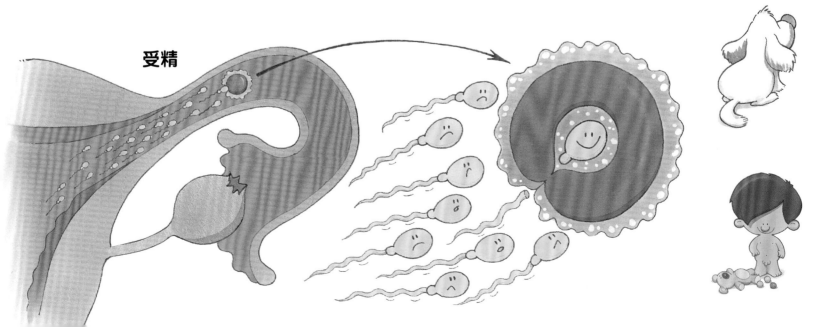

受精

卵子受精的過程

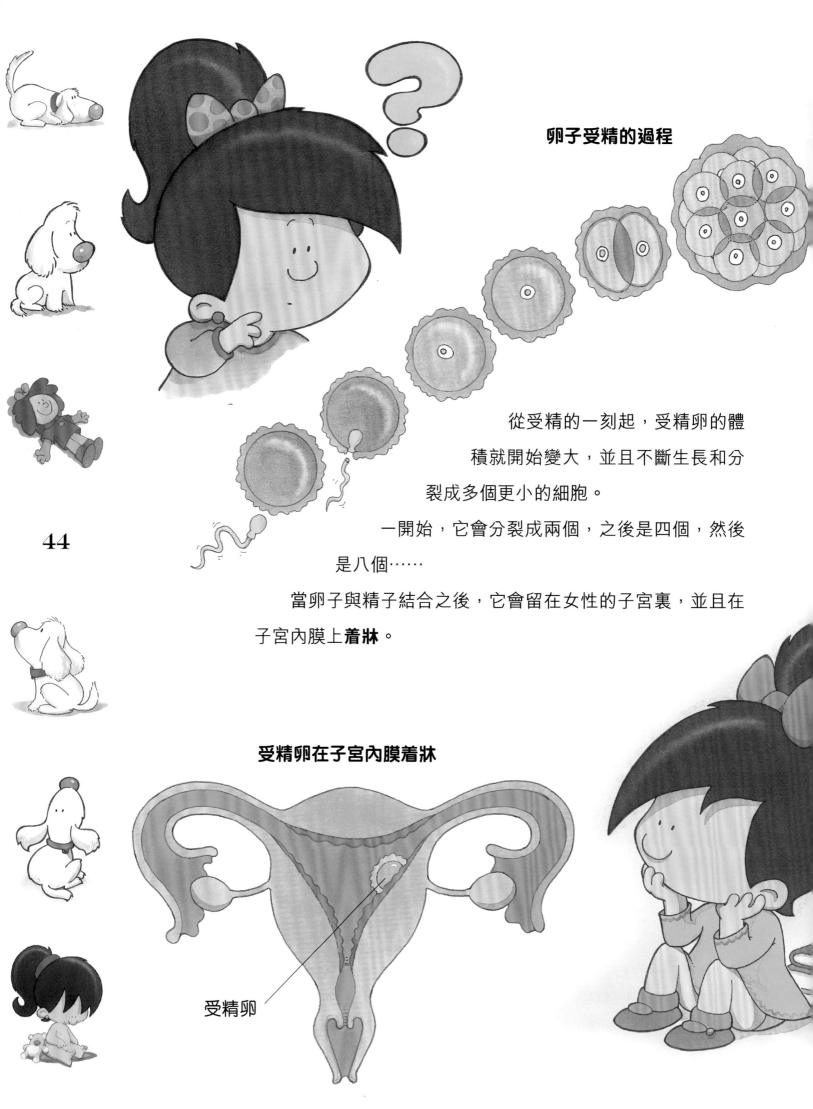

從受精的一刻起，受精卵的體積就開始變大，並且不斷生長和分裂成多個更小的細胞。

一開始，它會分裂成兩個，之後是四個，然後是八個……

當卵子與精子結合之後，它會留在女性的子宮裏，並且在子宮內膜上**着牀**。

44

受精卵在子宮內膜着牀

受精卵

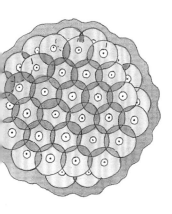

現在我們知道子宮已經做好了迎接胎兒的準備，它就像一個巢穴，子宮壁變厚，有更多的血液流入。於是，受精卵就可以通過子宮吸收營養了。

從受精卵到形成胎兒是一個非常漫長的過程，這個過程大約需要九個月的時間。在這段時間，我們說女性**懷孕**了。

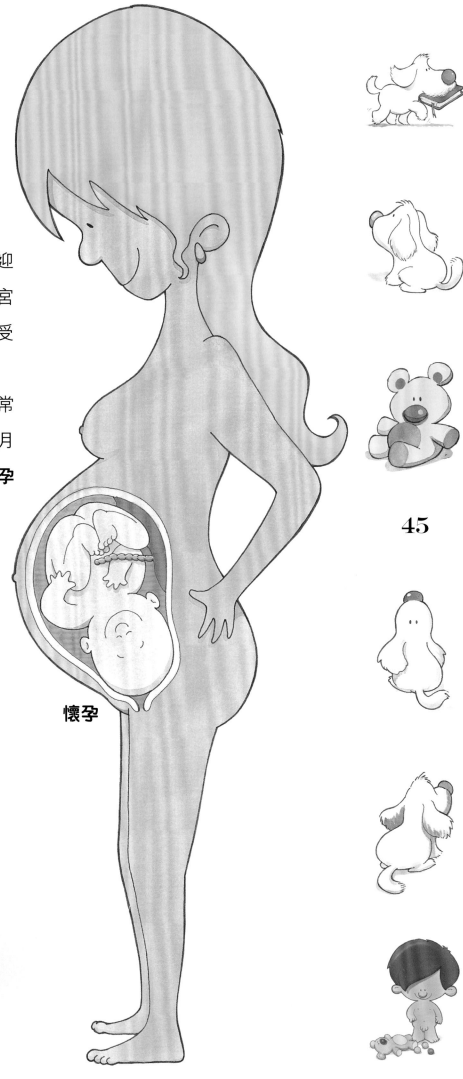

懷孕

45

如果我
不想懷孕……

「每次性交後都會有小孩嗎？」

「不是的。不是每次性交之後都有小孩。」

　　這取決於很多事情；讓我們一一道來：如果性交時間不是在女性的排卵期，女人就不會懷孕。如果夫婦性交時採取**避孕措施**，也可以避免懷孕的。

46

「怎樣才可以避孕呢？」

如果採用了避孕方法，就可以減低受孕的機會。避孕方法有好幾種，以下是最常用的兩種方法：

女性可以吃**避孕藥**。這些藥片可以阻止卵子在卵巢內成熟，並且使卵子被排出卵巢外，沒有機會和精子結合，達到避孕的效果。

另外一種最常用的方法，是男性使用**安全套**。

安全套是一個橡膠套，當男性的陰莖勃起時，把它套在陰莖上。當男性射精時，精液就會留在橡膠套裏，精子和卵子就沒有機會結合了。

48

安全套

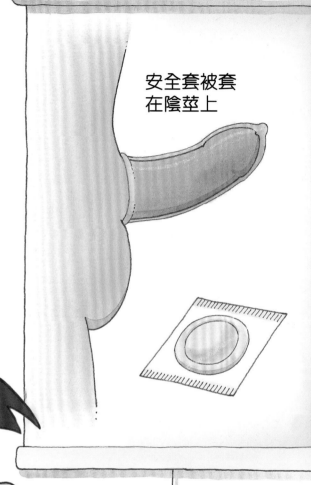

安全套被套在陰莖上

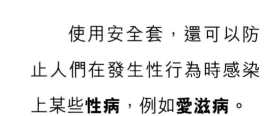

使用安全套，還可以防止人們在發生性行為時感染上某些**性病**，例如**愛滋病**。

小孩是從 哪裏來的？

寫給爸爸媽媽

當你的孩子問：為什麼有些雙胞胎非常相像而有些卻不像時，你知道該怎麼回答嗎？

當孩子問：小孩是從哪裏來，你知道明確的答案嗎？

面對孩子提出「小孩從哪裏來」的疑問，家長需要按孩子的年齡為他們提供清晰和真實的回答。

如果家長不回答孩子的問題，孩子也總會自己吸收到有關性的資訊。但是，這些性知識並不一定是正確合適的，也不總是最適宜他們情感發育和性發育的。性教育不僅意味着只教導孩子認識我們生理上的發育特徵，還要教導孩子心理上的變化，認識愛情、友情、責任等等。

50

父母都會希望自己的子女能夠健康快樂地成長。尤其是孩子到了青少年時期，家長擔心他們是否能發展出健康和負責任的生活態度，擔心少女懷孕，影響她們的身心發展。

因此，這些話題從孩子還小的時候就要和他們談論，灌輸正確的性知識。當孩子問了一個這樣的問題，家長應該如實回答。

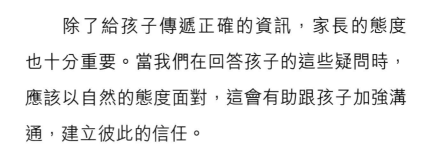

除了給孩子傳遞正確的資訊，家長的態度也十分重要。當我們在回答孩子的這些疑問時，應該以自然的態度面對，這會有助跟孩子加強溝通，建立彼此的信任。

新生命的起源

你見過嗎？一位女士挺着很大很大的肚子，沒多久，她就瘦下來了，原來她是生下了孩子。

「小孩從哪裏跑出來的呢？」

52

當一對夫婦彼此相愛，有時會想要增加家庭成員。他們想要生育一個孩子，照顧他，並把他撫養成人。

「這一切是怎麼開始的呢？」

胎兒逐漸在媽媽的肚子裏長大成形，但前提是女性的卵子要和男性的精子結合。

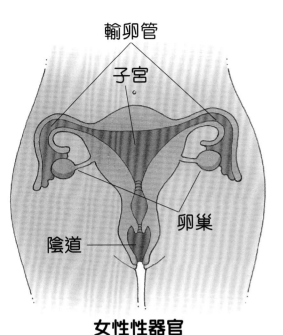

輸卵管

子宮

陰道

卵巢

女性性器官

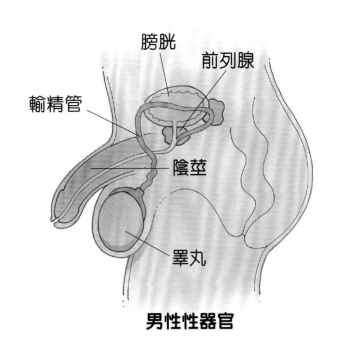

膀胱

前列腺

輸精管

陰莖

睾丸

男性性器官

卵子和精子都是生殖**細胞**。卵子在女性的卵巢裏產生，而精子則是在男性的睾丸裏產生。精子的頭部包含着形成新生命的部分必要訊息，另外一部分訊息蘊藏在女性的卵子中。結合在一起的精子和卵子決定了新生命的某些特徵，包括：頭髮的顏色、鼻子的形狀、性別等等。

「精子和卵子怎麼結合的呢？」

精子和卵子結合的前提是男性和女性必須性交。也就是說，男性的陰莖要插入女性的陰道，並且男性進行了射精。

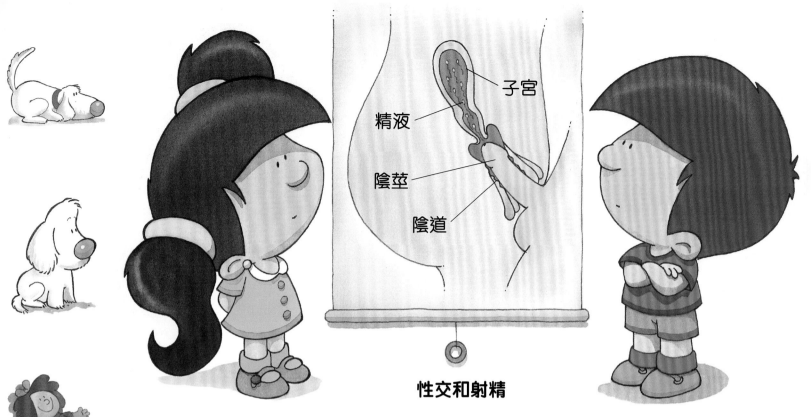

性交和射精

　　射精指的是男性通過陰莖將精液排出，而精液中運載着數以億計的精子。

　　當男性在女性的陰道中射精時，精子會沿着陰道和子宮迅速地游到輸卵管。

　　每個月中的幾天，卵子會在輸卵管中停留迎接精子的來臨。而最終只有一個精子能夠進入卵子形成獨立的細胞，這就叫**受精**。

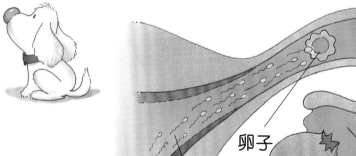

受精

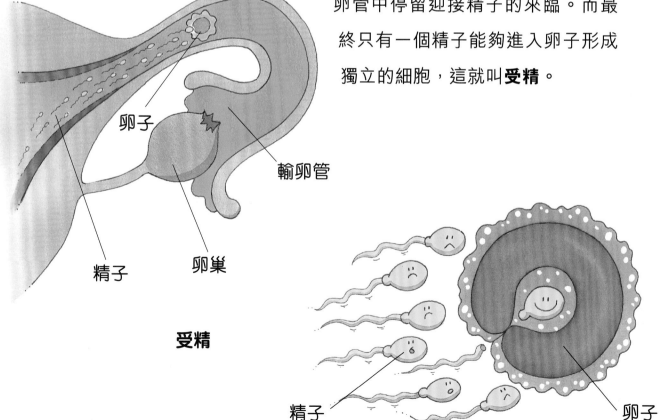

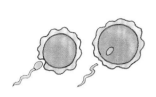   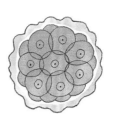 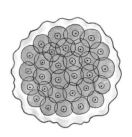 

一旦受精後，受精卵就會分裂成兩個細胞；然後，這兩個又各自分裂成更多的細胞，不停地分裂。先是兩個，接着是四個，然後是八個……

「小芳和小芬說她們是同時出生的。」

女性懷孕時，有可能會懷上兩個或以上的嬰兒。有時候，嬰兒會同時出生，相貌十分相似。

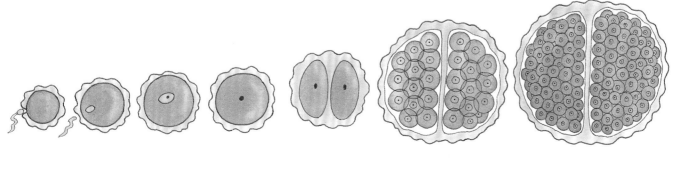

同卵雙胞胎

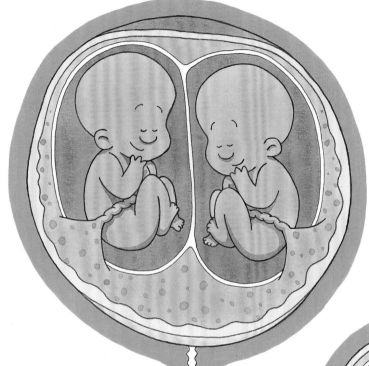

如果受精卵在第一次分裂時，分裂成兩個體積很大的細胞，那麼就有機會形成兩個非常相似的胚胎，這種為**同卵雙胞胎**。

異卵雙胞胎

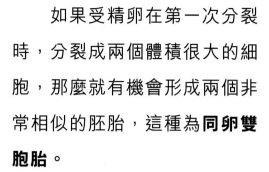

56

還有些很偶然的情況，當輸卵管中有兩個卵子，如果這兩個卵子分別遇上兩個不同的精子並受精，那麼就會形成兩個胚胎，稱作**異卵雙胞胎**。由於異卵雙胞胎是由兩個不同的精子和不同的卵子結合形成，所以不像同卵雙胞胎那麼相似。

儘管孕婦每次懷孕都有機會懷上雙胞胎，但一般情況下大多數只會懷有一個孩子。

有時候，有些夫婦很想要孩子，但是卻沒辦法成孕。這當中可能涉及多種原因，其中有可能是由於精子不活躍而沒法到達子宮，又或者女性身體很難讓卵子受精。

為了克服這些不孕障礙，科學家想出了人工方法來輔助夫婦成孕，稱為人工受孕技術。例如，從男性抽取健康的精液樣本，然後把精液直接注射入女性的子宮裏，藉此輔助。

還有一種方法叫人工受精，抽取卵子和精子在女性的體外結合，然後將受精胚胎放回女性的子宮內幫助懷孕。

另外，如果一對夫婦想組建更大的家庭，也可以考慮通過收養孩子的方式成為爸爸和媽媽。這種方式叫**領養**。

新生命的成長

「由兩個小小的細胞可以生出一個小孩嗎？」

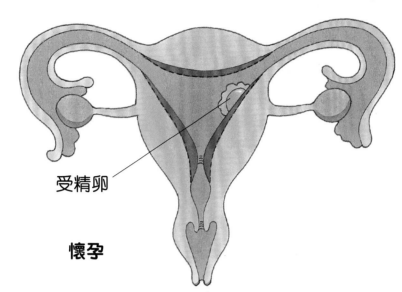

受精卵

懷孕

58

受精卵在卵子和精子結合後的數天內會黏附在子宮壁上。從受精那天起，受精卵要在媽媽的肚子裏經過漫長的時間才能孕育成為一個嬰兒。

從那時起直至此後的兩或三個月，受精卵會逐漸發育成為**胚胎**。

開始時，胚胎就像一顆米粒那麼小，但是兩個月後，胚胎就長到大概3厘米那麼大了。胎盤也是在這段時間內形成的。

由胚胎逐步發育成為胎兒

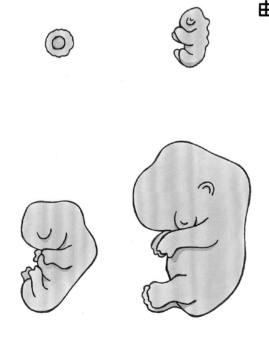

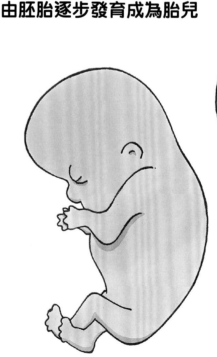

胎盤是通過**臍帶**將胚胎和母親連接的。胎盤的作用是把養分和氧氣輸送給胚胎，並把胚胎的廢物排出。胎盤可以保護胚胎，阻隔某些細菌病毒傳染到胚胎，防止其受到傷害。

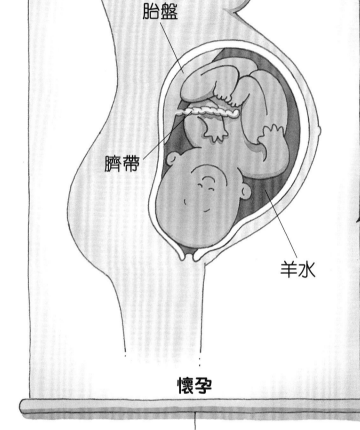

胎盤

臍帶

羊水

懷孕

在這頭兩個月內，胚胎的頭部會逐漸成形，從整個身體比例來看，頭部會顯得很大。胚胎的胳膊和腿部也開始發育，但體積還是非常非常小。

同時，心臟、背部、眼睛、嘴巴和耳朵也都開始出現。從第二個月起直至嬰兒出生這段時間，胚胎發育成為**胎兒**，展現出嬰兒的形態了。

在接下來的幾個月裏，胎兒的體積逐漸變大，其他的身體部位也逐漸形成。胎兒慢慢地長出了指甲和頭髮，並且還可以辨識出性器官。

從懷孕的第五個月起，當媽媽或爸爸把手放在媽媽肚子上時，能感覺到胎兒在腹中的運動，這稱為胎動。那是一個十分令人激動的時刻，儘管胎兒還在媽媽腹中，父母卻能清晰地感受到他的存在。

同時，胎兒也開始聽得到父母及外界的聲音。

胚胎及胎兒在媽媽腹中生長的不同階段

60

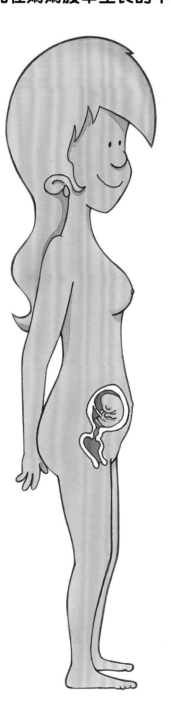
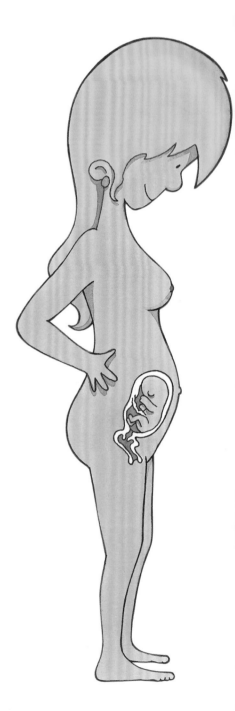

胎兒在子宮內被一個充滿液體的袋子包圍和保護着，這種液體叫**羊水**。

有了羊水的保護，當媽媽輕輕地拍肚子，也不會傷害到胎兒的。

到了懷孕的最後一個月，即第九個月，嬰兒已經完全成形了，並且做好了出生的準備。在正常情況，這時胎兒的頭部是朝向下的。

「這時胎兒的姿勢就好像倒立那樣嗎？」

胎兒的頭部朝下，向着陰道的方向，這樣分娩時胎兒就可以更容易被生出來了。

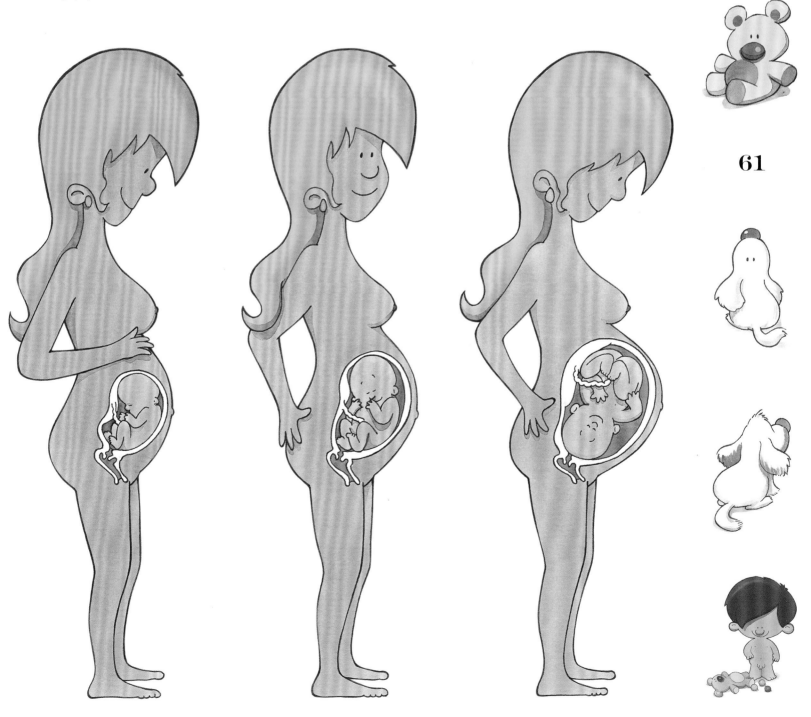

迎接新生命

「她怎麼知道自己是否懷孕了呢？」

前文曾經提及過，即使夫婦進行性交，有了性行為，也不一定會懷上小孩。

女性懷孕的第一個徵兆，是月經沒有到來。

為了準確起見，女性應該要到診所請醫護人員進行**驗孕**，這樣就可以確認是否懷孕了。

的來臨！

這對夫婦興奮地迎接懷孕的消息。大約九個月之後，他們的孩子就會降臨世上了。

孕婦需要更加小心地照顧自己，例如避免服用某些食物或藥物，以免藥物傳送給胎兒造成傷害。

如果孕婦是吸煙者，她必須停止吸煙，因為吸煙不但會影響個人健康，而且會對腹中孩子造成傷害。

孕婦還要注意飲食營養均衡。另外，亦可以做一些較為輕鬆的體育運動，例如游泳，這對孕婦的健康有好處。

孕婦的身體將會有很多變化，肚子會一天天變大，需要穿着為孕婦設計的衣服。而且，胸部也會逐漸變大，為孩子出生後哺乳做好準備。

超聲波檢查

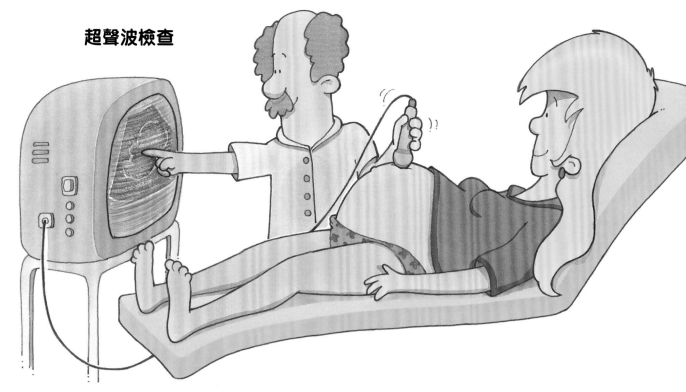

為了檢查小生命的發育情況是否正常，孕婦要經常去診所做檢查。

醫生會利用儀器為孕婦作超聲波檢查，觀察胎兒生長的

狀況。透過儀器，我們可以看出胎兒

64

的體積大小、心跳狀況，等到

胎兒長大些時，還能辨識出

其性別。

父母會將懷孕的喜悅跟朋友及家人一起分享。

為了迎接新生命的來臨，父母會給即將出世的孩子起名字，準備孩子的衣服和所有育兒必需品。

在懷孕的過程中，新手父母需要學習如何照顧孩子。他們可以從不同的途徑學習如何照顧嬰孩，例如向長輩學習，並參加由專業人士開設的課程。這些課程是專為即將成為父母的夫婦而設，教導他們如何照顧初生嬰孩。由專業人士為新手父母講解各種育嬰的方法，例如學習給嬰兒洗澡、換尿片、餵奶，以及認識嬰兒的成長發展等等。

另外，父母還可以在課程上學習了解嬰兒的需要，學習如何跟自己的孩子玩耍和建立親密的親子關係。

新生命的誕生

「胎兒在肚子裏面難道不悶嗎？」

當胎兒發育至一定的階段，即他的身體完全成形時，嬰兒就會離開媽媽的肚子了。

從孕婦的身體準備將孩子生出來到孩子出世的這段過程稱為**分娩**。當孕婦感覺到身體開始出現陣痛（即子宮有規律地收縮）時，應該立即趕往醫院進行診治，準備生產。因為**子宮收縮**會令子宮頸擴張，子宮用力將胎兒向外推，為胎兒生產打開通道。

66

慢慢地，小生命一點點地露出媽媽體外；最先是頭部，然後是肩膀，接下來是身體的其他部分。當嬰兒完全從媽媽體內出來後，就會開始哭喊，這是他的呼吸方式。

接着，為嬰兒接生的人需要剪斷連接嬰兒和胎盤的臍帶，而剪斷臍帶是不會給媽媽或嬰兒帶來任何疼痛感覺或傷害的。

到了懷孕後期的分娩階段，胎兒在媽媽腹中一般都是頭部朝下呈倒立姿勢，如果胎兒坐着或橫臥着，便不能順利生產。

當遇到不能順利生產的情況，孕婦便須要進行**剖腹產子手術**。剖腹產子手術是醫生在媽媽的腹部切開一個缺口，然後把嬰兒取出。

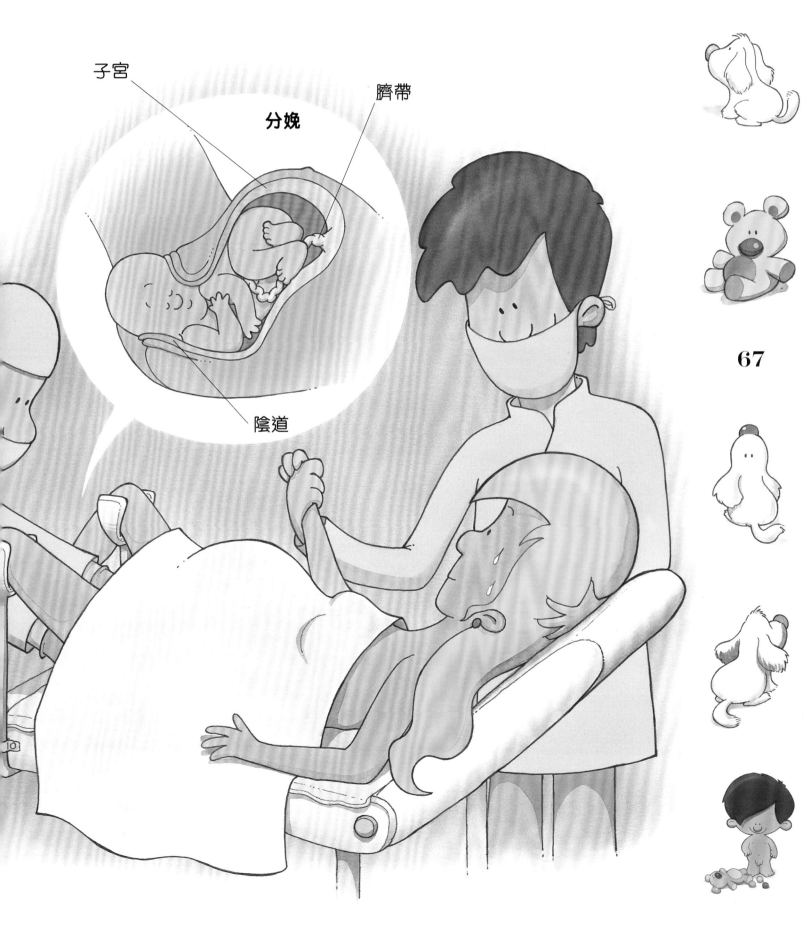

子宮

臍帶

分娩

陰道

嬰兒出生後，醫生會把嬰兒放在媽媽的身邊，讓她撫摸孩子並給他保暖。這是媽媽第一次看到自己的孩子。儘管她很疲憊，可是卻會感覺非常幸福。因為，孩子終於出生了！

68

產下孩子後，媽媽又再次出現了子宮收縮，這時會將體內已經沒有用的胎盤排出。

分娩是一個難辛的過程。媽媽和嬰兒須在醫院休息至少三到四天，確保其產後一切平安。之後，媽媽和嬰兒就可以出院回家了。初生嬰兒需要父母時刻悉心照料。

在嬰兒出生最初幾天，要格外注意照料他的肚臍，防止傷口受感染。**肚臍**是剪掉臍帶後在嬰兒肚子上留下的小疤痕。

這時媽媽的乳房裏充滿了乳汁，用來餵哺嬰兒進食母乳；有些媽媽也會利用奶瓶給孩子喝奶粉。

爸爸也會一起幫忙照顧嬰兒，他可以用奶瓶給嬰兒餵奶、換尿片或者跟他玩耍。

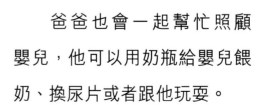

在增添了這位家庭新成員後，夫婦的家務也增加了，爸爸和媽媽需要一起承擔家務，把家中整理得整潔有序。

初時，初生嬰兒依賴吸吮乳汁維生。幾個月之後，嬰兒慢慢長大，並學習爬行，可以開始進食糊狀的食物，例如稀粥和菜茸。

當孩子滿一歲時，他已經長出了一些乳齒，可以吃更多其他種類的東西，並開始蹣跚學步。

不同的
家庭環境

寫給爸爸媽媽

　　人與人之間的關係很複雜，在我們生活的不同階段中會遇上一些轉變，有時會讓孩子感到困惑。在這章節裏，我們會討論這些讓孩子感到疑惑的情況，以及探討一些錯誤的觀念。

「在我家裏住着媽媽、外婆和我。」（樂文，8歲）

　　在現今的社會，人們的家庭結構發生了一些變化。家長要讓子女建立正確的觀念，學習理解和尊重社會上不同家庭的差異。現今夫婦分居和離婚的情況日漸常見。如果是有孩子的夫婦，父母要確保在分居或離婚後仍然一如既往的愛護孩子。另外，父母還須要向子女解釋家庭的變化，將來如何照顧他。

「在學校裏他們都嘲笑我，叫我『四眼仔』。」（子堯，9歲）

電視和媒體往往給我們灌輸不同的觀念，例如追求權力、金錢和美貌。家長要幫助孩子建立正確的價值觀，引導他們在成長過程中培養對自己的能力作出判斷，學習尊重自己和尊重別人，接納自己的身體外表和自身的不足。

「他要求我不要把這件事告訴任何人。」（文雅，12歲）

社會上，有時候會有不幸的事情發生，有些人在童年或青少年時期曾遭受過性騷擾或侵犯。如果孩子表示曾經有人對自己或者被強迫做了些讓人羞於啟齒的事情，我們必須正視情況並尋求協助，為孩子提供心理上的輔導，並保護他們避免類似情況再次發生。

性教育的

　　有些人認為性是一件很骯髒或羞恥的事,這種想法是錯誤的。性是與生俱來的,是人類交流溝通、表達情感的方式,讓我們的身體產生愉悦感。

　　另外,有些人並不了解自己身體的構造。比如,他們不知道在哪種情形下女性會懷孕,或者男性、女性應該採取哪些措施避孕。

　　「有人告訴我,如果你去游泳池游泳的話就會懷孕。」

迷思

在我們的成長過程中，都可能有聽説過父母的一些謊言。面對好奇孩子提出有關性的疑問，這些家長會選擇説謊來搪塞。例如，小時候父母是不是告訴過你，你是被撿回來的呢？

也許，你還聽説過這些説法，例如，當兩個人接吻或者互相撫摸生殖器官，女孩就會懷孕。當然，這不是真的。懷孕的必要條件是男女要性交。

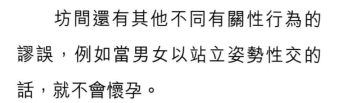

坊間還有其他不同有關性行為的謬誤，例如當男女以站立姿勢性交的話，就不會懷孕。

這種說法是錯誤的。因為女性懷孕的重要條件是讓精子進入卵子，而不在於性交的方式。

還有人認為，必須要多次性交才能懷孕，這種想法也是錯誤的。

甚至有人認為女性第一次性交是不會懷孕的，這種想法又是一個嚴重的錯誤。

正如我們曾提到，當女性的卵子與男性的精子結合就會成孕，因此不論人們進行性交的次數或任何方式，只要男性的陰莖進入了女性陰道，女性就有可能會懷孕。

另外，一些關於自慰的觀點也是錯誤的。你也許聽過下面的說法：

「如果你觸摸陰莖的話，會生病的。」

「只有壞女孩才摸自己的下體。」

「男孩和女孩如果自慰的話，會起疹子的。」

這些說法都不正確。我們撫摸自己的生殖器官和身體的其他部位是一種自我了解的方式，自我滿足性需要；這不會影響身體健康，但是不能過份沉迷。

同樣，也有一些關於月經的錯誤說法。

比如，女性如果在經期洗澡的話會生病，這是不正確的。女性在經期時要注意個人衛生，月經是正常的生理現象，並不會給女性帶來任何傷害。

還有，從前的人說，如果女孩和不同的男孩發生性行為的話，就是妓女。這是錯誤的說法。無論男女、青少年和成年人都要尊重自己的身體和尊重別人，為自己的性行為負責。

另外，你也許聽說過有些男性會吹噓比較性器官的大小。

事實上，陰莖的大小並不會改變一個人的性能力。

我是獨一無二的！

世界上，有各式各樣的人，有不同的外表。

你見過黃頭髮、黑頭髮，或者紅頭髮的孩子嗎？

你身邊有來自不同種族或來自不同國家的朋友嗎？

有些人個子矮，有些人個子高，有些人胖，有些人瘦。每人都會有不同的特質，例如有些孩子擅長體育運動，有些孩子數學題做得很快，還有些孩子畫畫很棒。或許，有時候你覺得難過，因為自己沒有其他的孩子般優秀，但這並非事實，因為每個人總有自己的長處。

80

我們需要知道，所有人都是不同的。每個人都是特別的，獨一無二。也許你個子矮，或者你的地理成績不好，但是可能你很會唱歌。有一些人可能跑步速度比別人慢，但為人卻很風趣。你想想，如果我們都是一模一樣的，那會多麼無聊啊！你想像一下，如果一班裏所有人都用同樣的聲線說話，長着一樣的面孔，有着相同的興趣愛好，那會怎麼樣？我們大家都是不同的，而我們也喜歡這樣的自己。

不一樣的家庭

通常我們認為家庭是由爸爸、媽媽和孩子組成的，但並非所有的家庭都是這樣。

有些家庭裏只有夫婦兩人，還有些家庭只有爸爸或媽媽和孩子。造成這種情況的原因有很多，可能是因為爸爸和媽媽從來沒有一起生活過、爸爸媽媽其中之一個人去世了，又或者是夫婦決定分開。

在有些家庭裏，爸爸負責在外工作，而媽媽負責家務及照顧子女。

有時，當父母兩人都在外工作時，他們會把子女送到托兒所，或者拜託親戚或專人照顧。

有些家庭則是媽媽在外工作，爸爸負責煮飯、打掃和照顧子女。

在一些大家庭裏，有很多兄弟姊妹會互相照顧。

另外，還有些很常見的情況是，孩子跟祖父母或外祖父母，或者其他親戚住在一起的。

84

當一對夫婦決定分開或者**離婚**，這表示媽媽和爸爸已經決定不再住在同一個家裏。但這並不意味着他們不再是子女的爸爸和媽媽，或者不再愛護及照顧子女。父母離異，也不代表家裏的某個人做了什麼不好的事情。

有些孩子會覺得父母分開的責任在自己身上，但這並非事實。

當爸爸和媽媽分開了，有時候他們其中的一方會再次與別人相愛。如果他們相處得很好，便會想一起生活，組織一個新的家庭。他們可以共同照顧孩子們，甚至會再生育孩子。於是，有些家庭裏，孩子們並不是同一個爸爸或同一個媽媽的孩子。但是，這些孩子們也可以像親生兄弟姊妹那樣，一起生活並融洽相處。

有些夫婦會選擇不生育，通過領養孩子來組織家庭。

正如你看到的，家庭的組成方式是多種多樣的。

重要的是，大家能夠相處融洽並愉快地生活。

保護自己，

「你想吃雪糕嗎？」
「不！我爸爸和媽媽跟我說不可接受陌生人送的東西！」

86

不論我們的年齡大小，當我們遇上喜歡的人，都會想跟對方聊天、想要親近或觸摸對方。

但是，我們也要學會尊重別人和保護自己，不要讓別人隨便觸摸我們的身體。

堅定說「不！」

　　有時候，有些壞人會心懷不軌地接近兒童，他們也許會窺視、觸摸兒童的性器官，或是迫使兒童看他們的裸體或觸摸其性器官。這些都是屬於性侵犯的行為，不可以容忍。那些壞人可能會採用誘騙或威嚇的方法來操控兒童，並要求孩子保守秘密。

87

他們也許會對兒童說：

「這麼做是因為你是一個壞孩子。如果你對別人說的話，大家都會知道你有多壞了。」

另外，他們也許會騙孩子說：

「如果你不這麼做的話，說明你不喜歡我。」

「這是你和我之間的秘密。」

「這是我們兩個人的特殊遊戲。」

其中最常見的誘騙方法，就是通過給兒童送禮物、金錢，甚至威脅要對兒童作出傷害，強迫兒童就範。

有時候，他們會對孩子說，這是對孩子進行性教育的一種方式，但這並不是真的。

家長要教導子女，當孩子和一個比自己年紀大的人在一起時，如果遇到了類似上述的情況，必須拒絕他，堅決說「不」！

89

要是子女不幸遇到被侵犯的情況，我們要告訴孩子這並不是他們的過錯，應該馬上把發生了的事情告訴自己所信任的成年人，尋求幫助。

愛滋病是什麼？

也許，你曾經聽說過，但或許你並不清楚它究竟是什麼，那就是愛滋病。

愛滋病是由一種非常微小的**病毒**，叫人類免疫力缺乏病毒（病毒簡稱HIV）引起的疾病。HIV病毒侵入人體細胞後會破壞細胞的免疫能力，導致身體逐漸喪失抵抗其他疾病的能力。

「在我們班裏，有一個男孩是愛滋病患者。」

「我可以和他一起玩嗎？」

「當然可以啦！」

愛滋病的傳染途徑有好幾種，比如血液接觸（**輸血**）、共用個人用品（牙刷和剃鬚刀）等等。當身體被輸入或接觸到帶有愛滋病毒感染的血液時，便會受到感染。

90

另外，更常見的感染方式是透過共用注射器工具。因此，我們切勿隨便觸碰被丟棄的注射器，也不能和別人共用牙刷。

愛滋病可經由體液透過性接觸傳播。為了預防愛滋病，在發生性行為的過程中一定要使用安全套。使用安全套還可以預防其他通過性行為傳播的疾病。此外，患有愛滋病的孕婦還會把愛滋病傳染給胎兒。

雖然愛滋病會傳染，但是我們也可以和愛滋病患者一起玩耍，社交相處；可以和他們一起同枱用餐進食；可以和他們在一個浴池裏洗澡，可以互相擁抱，以及在同一間卧室睡覺。很多人對愛滋病有誤解，但實際上，愛滋病只能通過特定的傳播方式傳染。

如果你認識愛滋病患者，不用擔心！你可以放心和他們一起生活。但是，我們必須小心處理傷口。在學校裏，如果有同學是HIV毒帶菌者或是愛滋病患者，當他摔倒了身上有傷口時，老師應該小心地為他消毒、把傷口清洗乾淨，並採取必要的措施防止任何人接觸到他的血液。

我們
學到了什麼？

我們的身體

94

- 我們的身體很奇妙，各有不同的特徵；每個人都是獨一無二和特別的。

- 從出生起，男孩和女孩就具有不同的性器官。

- 每個人都有不同的身體特徵和與眾不同的特點。

- 人們可以選擇喜歡做的活動和喜歡的事物，因為每個人都是不同的，這並不會因為性別而受到限制。

- 一生中，人會隨着年增長而發生變化。人的身體外貌以及和其他人的交往方式都會改變。

都不一樣嗎？

• 無論男人、女人，還是男孩、女孩，我們會想親近自己喜歡的人，有時候還會喜歡讓別人撫摸自己或者自我撫摸。

爸爸和媽媽

- 從我們出生那一刻起，在一生中，我們都需要跟其他人一起相處。我們也喜歡這樣！

- 我們對別人會有各種不同的感覺：友好、親切、愛情、性吸引……

- 我們會想跟喜歡的人一起生活，組織家庭。

- 當男女之間互相喜歡時，就會有親密的接觸，例如發生性行為，在過程中，身體會產生愉悅感。

- 在發生性關係前，我們並且必須認識性行為所帶來的後果和責任，更重要的是要懂得保護自己。

一起做什麼呢？

- 當女性和男性進行了性交，就有可能會懷孕。如果夫婦倆不想要孩子，就必須採取避孕措施。

- 我們必須在成年後，身心成熟時才考慮生育下一代，以確保自己有能力照料孩子。

孩子是從

- 當一對夫婦想要生孩子，他們要考慮自己有沒有能力照顧孩子並把他們撫育成人。

- 人們透過性行為來生育孩子。通過性行為，卵子才能和精子結合，女性才能懷孕。

- 有些人會選擇收養孩子來組織家庭。

- 卵子經過受精後，受精卵會逐漸發生變化並生長，直至長成嬰兒。這個過程大概需要9個月的時間。

哪裏來的？

- 在懷孕期間，孕婦需要注意飲食，悉心照顧身體，以確保腹中孩子健康生長。

- 當孩子出生後，家人應該要互相合作照顧嬰兒，幫忙分擔家務。

學習正確的

- 很久以前，人們不了解自己的身體，形成了很多錯誤的觀念。因此，獲取這方面正確的資訊對我們尤為重要。

- 社會上有不同類型的家庭，任何一種和別人共同生活的方式都是值得尊重的。

- 如果一個成年人要求你做一些讓你覺得羞恥或不喜歡的事，一定要對他說「不」。如果你需要幫助，就向自己信任的大人求助。

- 我們喜歡與別人相處，但是也要小心交友，學會保護自己。

性資訊？

101

- 愛滋病是由病毒引起的嚴重傳染病。儘管和愛滋病人一起正常生活並不會被傳染，但我們仍然必須了解它是怎麼傳染的。

- 所有人都是不一樣的。誰也不比誰更有價值。我們每個人對其他人而言都有自己不同的價值，並且我們也喜歡自己這樣。

詞彙表：

女性的陰部：女性的性器官，包括陰蒂、尿道口、陰道、小陰唇和大陰唇。

尿道口：位於女性陰部的小孔，是排出尿液的地方。

陰蒂：女性外陰處小面積的隆起部分，位於小陰唇的上方。

大陰唇：女性陰部的外部皮膚，保護着女性外部的性器官。經過青春期，陰部會長出毛髮把它覆蓋起來。

小陰唇：被大陰唇包裹的皺褶皮膚，保護着尿道和陰道。

子宮：女性體內一個有彈性的袋狀物，每個月會產生月經以迎接受精卵，胎兒也在此孕育。

卵巢：女性的內部性器官，負責產生卵子。

卵子：女性生殖細胞，含有繁殖下一代的遺傳信息。

陰道：連接子宮和身體外部的呈管狀的女性性器官。

輸卵管：卵子從卵巢到子宮的通道，卵子將會在那裏遇到精子。

陰莖：男性的外部性器官，負責排出小便和精液。

尿道：把尿液從膀胱輸送到體外的管道。

包皮：包裹龜頭或陰莖頭的皮膚，當勃起時會展開。

陰莖：由海綿體、尿道及包皮組成。

龜頭：陰莖的前端部位，被包皮包裹着。在陰莖勃起時，就會露出來。

膀胱：負責儲藏尿液的器官。

精囊：主要的功能是分泌供給精子所需的營養液。

陰囊：男性的外部性器官，位於陰莖下面。陰囊是一層皮膚囊袋，包裹着睪丸。

睪丸：是製造性荷爾蒙及精子的腺體。

輸精管：位於男性體內連接睪丸、精囊和尿道的管道，負責把精子從睪丸輸送到尿道。

精子：男性生殖細胞，含有繁殖下一代的遺傳信息。

前列腺：又稱攝護腺，是男性生殖系統的一個器官，主要分泌一種稀薄而含有鹼性的液體，與精囊的分泌物和睪丸製造的精子一起構成精液。

精液：盛載着包含精子的白色黏稠液體。

青春期：指兒童成長發育準備步入成年的階段，期間身體會發生很大變化，出現明顯的性徵。

女性性器官：包括外陰部分、陰道、子宮、輸卵管和卵巢。

男性性器官：包括陰莖、睪丸、前列腺、精囊和輸精管。

青春痘：又稱「暗瘡」。由於皮膚毛囊的皮脂腺分泌過多的油脂，使毛孔堵塞並滋生細菌，因而令皮膚發炎形成黑頭或膿瘡，好發於臉部、背部和胸部。由於常發生於青春期，所以稱為「青春痘」。

勃起：指男性感到性興奮時，陰莖的海綿體充血而脹大且變硬的狀態。

射精：指精液從陰莖急速流出的過程。

陰部：泛指女性下體的性器官。

生育能力：從青春期開始，男女的身體發育成熟，分別會產生精子和卵子，就具備了繁殖能力。

排卵：卵巢每個月會把成熟的卵子排出，等待受精。

受精：卵子和精子在女性子宮內結合的過程。而人工受精則是指通過醫學方式協助女性懷孕。

月經：女性每個月來潮一次的生理現象。如果卵子沒有和精子結合，子宮壁上的血液、殘餘細胞和黏膜就會脫落形成經血，沿着陰道流出。

細胞：生物最細小的單位，是一種有機（有生命）的組織。人類的生殖細胞是卵子和精子。

衛生巾：女性在月經期間使用的衛生用品，以纖維和棉質製成，用來吸收陰道流出的經血，保持衛生。

衛生棉條：一種女性衛生用品，棉質製造，呈圓柱形。在月經期間，把衛生棉條置入陰道吸收經血。

性吸引：生理上吸引異性的能力。

自慰：為獲得快感，對自己外部性器官及身體其他部位進行撫摸的行為。

愉悅感：在刺激性器官時身體產生的快感。

着牀：指卵子跟精子結合受精之後到達子宮，並在子宮內膜上黏附着。

懷孕：女性受孕，子宮裏懷有胎兒的狀態。

胎兒：當女性懷孕到第9周開始，胚胎已經發育成為胎兒，展現出嬰兒的形態。

驗孕：通過對女性的血液或尿液進行化學分析來檢驗是否懷孕。

胚胎：卵子受精後在子宮內膜上着牀，經過細胞不斷分裂生長，形成初階段的生命體。

105

羊水：在女性懷孕時，子宮內所產生的液體，可以保護胎兒成長發育。

哺乳：女性以乳房給嬰兒餵哺乳汁的行為。

子宮收縮：女性子宮的肌肉重複出現收縮的動作，在月經期間和分娩時都會發生。

分娩：從孕婦準備生產到生出嬰兒的過程，過程中會出現子宮有規律收縮、穿羊水等的情況。

臍帶：連接着胎兒和孕婦胎盤的管道，負責輸送營養給胎兒。

肚臍：剪斷連接嬰兒與母體胎盤的臍帶後，在嬰兒腹部位置留下的疤痕。

胎盤：母體為胎兒提供營養的器官。在懷孕期間生長並在嬰兒出生時排出母體。

子宮頸：在陰道和子宮之間內部導管的狹窄部分，精子經過此處進入子宮。

超聲波檢查：為孕婦進行的檢查，通過儀器觀察孕婦子宮裏胎兒成長發育的情況。

同卵雙胞胎：由同一個受精卵發育而來，形成兩個非常相似的胚胎，並發育而成的兩個胎兒。

異卵雙胞胎：由兩個不同卵子和不同精子結合形成的胚胎，並發育而成的兩個胎兒。

剖腹產子手術：通過在腹部進行手術為孕婦取出嬰兒的方法。

避孕措施：指避免女性懷孕的不同方法，最常見的方法是女性服用避孕藥和男性使用安全套。

性高潮：在性交時獲得最大程度快感的時刻。男性性高潮時會伴隨着射精。

避孕藥：女性為避免懷孕而服用的藥物，可以阻止卵子在卵巢中成熟。

安全套：男性使用的避孕用品，以橡膠製成。男性把安全套套在勃起的陰莖上以盛載精液，以防止女性懷孕。它同時也可以避免性時感染性病。

家庭：由多人組成在一起生活的社會單位，家庭成員間通常有血緣、
　　　婚姻或收養的關係。

兄弟姊妹：父母結合而懷孕生下的孩子，彼此有血緣關係。

領養：通過合法程序使別人所生的孩子成為自己的孩子。

離婚：指一對已結婚的夫婦兩人不再生活在一起，解除婚姻關係。

戀愛：對他人產生愛慕思念的感覺。

性交：指男女之間的性器官交合的行為，通常指男性陰莖插入女性陰道
　　　的身體接觸。

性行為：男女之間親熱交合，互相撫摸性器官或進行性交等行為。

做愛：指男女之間親熱，發生性行為。

輸血：把血液輸入人體內，補充血液量。醫生會先查明病者的血型，
　　　然後配對血型吻口的血液。

愛滋病：由一種病毒引起的全身免疫系統衰竭的疾病。愛滋病經由不安
　　　全的性行為、血液接觸，或者經由母體傳染。

病毒：跟細菌不同，是一種可以在其他生物體間傳播並感染的微生物，
　　　含有遺傳物質。

性病：通過性行為而感染的疾病。

我從哪裏來？跟孩子輕鬆談性（修訂版）

作　　者：荷西・迪亞茲（José R. Díaz Morfa）
　　　　　卡特琳娜・馬拉斯（Caterina Marassi Candia）
　　　　　拉爾・米加隆（Pilar Migallón Lopezosa）
　　　　　梅塞德絲・帕洛普（Mercedes Palop Botella）
插　　圖：雲妮莎・貝托利尼（Vanesa Bertolini）
責任編輯：胡頌茵
封面設計：陳雅琳
出　　版：新雅文化事業有限公司
　　　　　香港英皇道499號北角工業大廈18樓
　　　　　電話：（852）2138 7998
　　　　　傳真：（852）2597 4003
　　　　　網址：http://www.sunya.com.hk
　　　　　電郵：marketing@sunya.com.hk
發　　行：香港聯合書刊物流有限公司
　　　　　香港新界大埔汀麗路36號中華商務印刷大廈3字樓
　　　　　電話：（852）2150 2100
　　　　　傳真：（852）2407 3062
　　　　　電郵：info@suplogistics.com.hk
版　　次：二〇二〇年二月初版

ISBN: 978-962-08-7408-6